Kesä on edessä - talvi takana

Runojen
puutarhassa

Pertti Lehmuskoski

Kesä on edessä
– talvi takana

Kuudes runokirja
Runojen puutarhassa -sarjassa
Kangasalla keväällä 2021

# FSC

Kustantaja: BoD – Books on Demand, Helsinki, Suomi
Valmistaja: BoD – Books on Demand, Norderstedt, Saksa
ISBN: 9789528044369

Sisältää runot:

AASI

Katsokaa nuorta aasia
kuinka kantaa Jeesusta
vaatimaton juhta
Kuningasta suurta
aasin varsa
kärsimyksiin matkaavaa
ristin miestä
pelastusta maailman
hetken matkaa kantaen
Häntä joka kantoi
synnit kaikkien

ELÄMÄN KIERTOKULKU

Siemenestä juuri
juuresta varsi
varresta lehti

Varteen kaunis kukka
kukkaan pölyttävä
pörriäinen

Kukkaan siemen
syksyn tullen
kuolee kasvi

Kuihtuu kukka
kuihtuu lehti
kuihtuu varsi

Putoaa siemen
jää yksin
yli kylmän talven

Keväällä siemenestä
kasvaa uusi juuri
uusi varsi ja lehti

Varteen uusi kukka
kukkaan pörriäinen
ja uusi pieni siemen

Elämän kiertokulku pyörii
on pyörinyt
maailman luomisesta asti

Ja pyörii eteenpäinkin
niin kauan kuin
kaiken Tekijä tahtoo

ELÄMÄN MITTAPUU

Herra
Sinä tutkit kaikkea
Sanasi mittapuulla
tätä maata
maailmaa
minua

Punnitset elämää
vanhurskaalla
Sanasi mittapuulla
sydäntä
kaikkea vääryyttä
jokaista ihmistä

Ei kestä tämä kansa
ei kukaan en minäkään
sitä pyhyyttä
olemme väärässä
petoksessa
kaikessa valheessa

Herra
tällä vanhurskaalla
Sanasi mittapuulla
olemme tuomittuja
hylättyjä
taivaspaikkaa vailla

Mutta se Sanasi
uusi salaisuus
armo ja totuus
se toinen mittapuu
jossa rakkautesi kirkastuu
on tuo ihana ristin puu

Vain Poikasi kantama
Golgatan puu
sen uhrikuolema
on riittävä mittapuu
vain siinä tämä kansa
uudistuu ja pelastuu

ELÄMÄN PAINOMITTA

Millä elämää punnitaan
vuosilla eletyillä
vai jäljellä olevilla
ei liene kumpikaan riittävä mittariksi

Onnellako
onko jäljellä enää huomenna

Rahalla
riittäneekö sekään elämän mittariksi

Elämän mittari on ikuisuus
ikuisuus punnitsee elämän

Kun Elämä löytyy
ikuisuus tuntuu
sen suuruus näkyy

Kun ikuinen Elämä löytyy
tuntuu elämän paino
näkyy sen arvo

EN YKSIN JÄÄ

Vaikk' maailma päälleni kaatuis
vaikk' omat voimani kaikki loppuis
en yksin jää
vailla parasta Ystävää

Sinut omakseni kerran omistin
Sinut vahvaksi ymmärsin
ilman Sinua vain tyhjää oisin
orpoutta ikävää kokisin

Luonas lepopaikan rauhan sain
puoleesi käännyin
tuskaani suurta huusin
turvalinnan suojaan pääsin

Vaikk' maailma kaatuis
vaikk' voimani kaikki loppuis
en yksin jää
vailla parasta Ystävää

Herrani Jeesus
ainoa leponi
ainoa iloni
ainoa kestävä Pelastus

HAAVOITTUNUT SYDÄN

Kuin maahan pudonnut peili
moneksi palaksi mennyt
sirpaleiksi
on sydän
satutettu
kovin sanoin lyöty

Kuin viilletty astia
vuotavaksi
kelvottomaksi tehty
on sielu
hylätty
roskana pois heitetty

Kuin katkaistu puu
kirveellä lyöty
maahan kaadettu
on unelma
petetty
valheilla murskattu

Kuin haavoitettu lintu
ammuttu
siipeen osuttu
on herkkä ihminen
häväisty
naurun alaiseksi tehty

Murtuneen sydämen
särjetyn sielun
petetyn unelman
siipeensä saaneen ihmisen
kuka korjaa
kuka parantaa rikkoutuneen

On mestari Savenvalaja
suuri Parantaja
kiusattujen Auttaja
ymmärtävä Ystävä
luotettava
uskollinen Vapahtaja

Sinä haavoitettu sydän
satutettu lintu
anna veriset haavasi
sirpaleesi
Mestarin korjattavaksi
Rakkauden hoidettavaksi

HIEKKAKUOPAN REUNALLA

Asunto
hiekkakuopan reunalla
koti josta avautuu
pois viety elämä
vuosisatojen kasvu
jääkauden jälki

Jäljelle jäänyt
kiviä lohkareita hiekkaa
jyrkänteet täynnä soraa
pusikkoa
vesakkoa
pientä puustoa

Ehostetaan
rakennetaan
maastoutetaan
mutta hiekka ei palaa
pinta ei tule entiselleen
sora ei palaa rautateiltä

Hiekkakuopan reunalla
on saarna
ihminen on täällä
hiekkakuopan reunalla
lähdönpäivä ei ole selvillä
mutta se tulee

HÖYHENIÄ MAASSA

Höyheniä maassa
ja sulkia
merkkinä siitä
tässä on käyty taistelua
joku pieni lintu
on taistellut hengestään

Oliko virran tuolla puolen
höyheniä ja sulkia
kun yön yli taisteltiin
aamuun asti
kun pieni ihminen
taisteli Jumalansa kanssa

Ovatko minun taisteluni
jättäneet höyheniä ja sulkia
merkiksi siitä
että taisteluita on taisteltu
kipu on ahdistanut
mitä ovat taisteluni jäljet

Ovatko höyhenet
ja sulat vain sitä
että nyt ontuen kuljen
sainko silloin uuden nimen
"taisteli Jumalan kanssa"
tulinko virralta uutena

Höyhenet ja sulat
taistelupaikallani
eivät ole mitään
elleivät ne saaneet
kohdata Golgataa
ellei ristintyö auennut

Golgatan suuri taistelu
jätti verinaulojen jäljet
ikuiset merkit
taistelu oli taisteltu
voitto saatu
velat maksettu iäksi

Taisteluni höyhenet
yksinäisillä virroilla
yön hiljaisina hetkinä
muuttuvat siunauksiksi
kun kohtaan Herran
koittaa uusi kirkas aamu

JEESUS SANOIT

Jeesus sanoit
että vähän on tarpeen
miksi me haalimme kaikkea
keräämme tavaraa
himoitsemme rahaa
etsimme elämyksiä
valtaa
kunniaa

Jeesus sanoit
että vain yksi riittää
se minkä Maria sai
olla kanssasi
jalkaisi juuressa
kuuntelemassa
oppimassa
parhaassa seurassa

Jeesus sanoit
että Maria valitsi hyvän osan
sitä ei oteta pois
vain sillä on kerran arvoa
ikuisuudessa täältä lähdettäessä
tavara kuluu ja lahoaa
raha ja rikkaus kaikki jää
nautinto hetken vain kestää

Jeesus sanoit
minulle meille kaikille
tulkaa minun tyköni
kaikki työtä tekevät
kaikki työn uuvuttamat
minä annan levon
Jeesus tahdon tulla luoksesi
kulkea koko tien sinun kanssasi

JÄLLEEN VALMIS MENEMÄÄN

Hiipuva nuotio
aamuisella rantahietikolla
se kuvaa tuon hetken tunnelmaa
tuli on sammunut
vain savu hiljaa nousee
kytevät hiilet mustenee
toivo on sammunut kaikki on loppunut

Mitä on miehestä jäljellä
kaikesta omastaan riisuttu
kaikkensa antanut epäonnistunut
ei kalaa ei saalista
vanhalla kalastajalla
kuin maansa myynyt ja rahansa syönyt
yrittänyt ja konkurssin tehnyt

Mutta kuka onkaan
rannalla nuotion vieressä tuo mies
joka antaa nyt ohjeet ja uuden toivon
joka sytyttää tulen roihuun
joka täyttää veneen
kysyy rakkautta uudelleen
vyöttää voimalla väsyneen

Se on Herra sanoo joku
silloin syttyy elämää mieheen
epätoivoiseen masentuneeseen
turhaan yön yli valvoneeseen
rientää heti luokseen kahlaten
rakastan Herra sinä tiedät sen
sinä olet minulle rakkain

Ei enää hiipuva nuotio
savuava kasa hiiliä hiljaa hiipumassa
ei enää muistojen vankilassa
uudistettu uudella näyllä varustettu
uusi palava tuli lieskuva liekki
valmiina palvelukseen
menemään mihin vain Herra vie

READY TO GO

Fading campfire
in the morning on the beach sand
it describes the mood of that moment
the fire is out
only the smoke quietly rises
the smoldering coals blacken
hope is gone
everything has come to an end

What is left of the man
stripped of everything
given his all but failed
no fish, no prey
for the old fisherman
he is like a man who has sold his land
and eaten his money
tried and filed for bankruptcy

But who is this man
on the beach by the campfire
now giving guidance and new hope
igniting the fire
filling the boat
asking for love again
arming with strength the weary

It's the Lord, says someone
and life ignites within the man
the desperate, depressed
who to no avail has stayed awake all night
forthwith he hurries wading to Him
I do love you Lord, you know that I do
you are the dearest to me

No longer a fading campfire
a smoky pile of coal quietly fading
no longer in the prison of memories
renewed, armed with a new vision
a new burning fire, a blazing flame
ready for service
to go wherever the Lord now leads

KAHDEN MAAN VÄLISSÄ

Auttajasi on ylhäällä
peltosi alhaalla
nosta sydämesi ylös
ojenna kätesi alas

Elämä on ylhäällä
kärsimys alhaalla
nosta katseesi ylös
vie armoa alas

Kotisi on ylhäällä
majapaikkasi alhaalla
suuntaa kulkusi ylös
pystytä telttasi alas

Pelastajasi on ylhäällä
työsi täällä alhaalla
suuntaa rakkautesi ylös
kylvä sitä myös alas

Ikuisuus on ylhäällä
rajallisuutta vain alhaalla
Jeesus vie omansa ylös
kaikki muu jää alas

KELLÄ ONNI

Kell' onni on
se onnen …

kieltäköön … ei
salatkoon … ei
tuhlatkoon … ei
käyttäköön vain itselleen … ei … ei … ei

Kell' onni on
se onnen kätkeköön

Säilyttäköön
varjelkoon
jakakoon iloksi kaikkien
onneksi toistenkin ihmisten

Kätketty onni
on varjeltu onni
arvokas onni
aarre sydämen
valo pimeyteen

Sen voi jakaa
vaikka kaikille antaa
katoilta julistaa
huutaa sen ilosanomaa
kun sen välittää
saa itse lisää

Onni on rauha
lepo sydämen
hetki hiljainen
matka kahden kanssa Jeesuksen
pääsy ulos vapauteen
alta kuormien
suurten huolien
taakoista syntien

Onneni on olla
lähellä Jumalaa
lähellä Kristuksen sydäntä
katsella ja lähestyä
kuin lammas paimenta
kuin lapsi omaa äitiä
kuin janoinen vesilähteitä

Sen kätken
ja säilytän
kun kanssaan vaellan
kun pysyn seurassaan
kuljen hänen tietään
katsellen ristiään

KEVÄÄN SIEMEN

Ihmisen elo on vain siemen
millainen siemen
sellainen kasvu

Kun Jeesus on sydämessä
nousee täältä
ylösnousemusruumis

Kristuksen oma kaltainen
se menee hänen luokseen
taivaaseen

Kun Jeesus ei ole sydämessä
nousee ikuisuusolento
jolla ei ole osuutta taivaassa

Tärkeintä on
olla uskossa pelastettu
tässä ajassa

Jeesus pelastaa tänään
hän tulee sydämeen
kun avaat oven

Hän puhdistaa
antaa kaiken anteeksi
paras hetki on nyt

Sinua odotetaan
saat olla uusi ihminen
tämän kevään siemen

(1 Kor 15:35-58 mukaan)

KUISKAA HÄLLE

Onko tuskaa
murhetta
kipua ahdistusta
onko sisin sairas
turta
mieli musta

Kuiskaa se Hälle
kerro Ystävälle
Puolustajalle
omalle Auttajalle
Jeesukselle
valtaistuimelle

Saat kuulla Sanan
Minä olen ja näen
nostan ja kannan
lupaukseni annan
kuulen kuiskauksen
sulle käden ojennan

Ymmärrän tuskasi
tiedän murheesi
näen kipusi
koen ahdistustasi
johan kannoin sairautesi
valoksi muutan yösi

KUIVA MAA

Onko aikamme kuin erämaa
eikö Hengen tuoreet virrat enää virtaa
kansa totuuden pois luovuttaa

Onko ajassamme pimeää ja kuolemaa
onko puutarhassamme kuivaa
aron hiekkaa jota tuulet liikuttaa

Onko nääntyville armon sanaa
sadetta virvoittavaa
innoittavaa mikä sydämen kostuttaa

Mistä väsynyt saa voimaa
mikä janon sammuttaa
toivottomat yössä päänsä nostaa

Sinä kuoleman laakson maa
sinä kuivien luitten hautausmaa
synnin pettämä kova maa

Ristiltä sinulle huuto kajahtaa
Jeesus vielä armahtaa
verensä synnistä voi puhdistaa

Ilon ja riemun nöyrät saa
kevätaika talven jälkeen koittaa
lämmin sade maan virvoittaa

Maa kyyhkysen äänen kuulla saa
jään kylmän lämpö sulattaa
totuus synnin valheen paljastaa

KUKA ON ...

Kuka on päässyt kuulemaan
kuka janoten
anoen
odottaen
on viipynyt Hänen edessään

Kuka on päässyt murtumaan
kovuudestaan
ylpeydestään
omasta itsestään
päästäkseen Jeesusta kohtaamaan

Kuka on päässyt maistamaan
säteilevää armoaan
murtavaa rakkauttaan
taivaallista kirkkauttaan
edes hivenen koskettamaan

Kuka saa lähettinä taivaan maan
nousta julistamaan
valoa loistamaan
Kristusta kirkastamaan
murheiden synkkään maailmaan

KUN KAIKKI MUUTTUI ÄKKIÄ

Se alkoi äkisti
uusi sadeaika
monsuunisateiden mustat pilvet
vyöryen saapuivat tummina
rajuina vahvoina lauttoina
ei enää vain pisaroina
ei pieninä kasteina
vaan enemmän suurina virtoina
kuuroina kastellen kaiken
yllättäen kulkijat

Kuiva pölyinen maa
kova tie ja polku tallattu tanner
muuttui hetkessä märäksi
liukkaaksi
upottavan pehmeäksi
liikkuviksi virroiksi
uuden elämän vesiksi
kaivattujen sateiden ajaksi
muutoksen tuojaksi
siunaukseksi

Äkisti Jumalan sateet saapuivat
anoen aavistellen kaivattuina
odotetut virrat
tietäen kyllä ne ajallaan tulevat
Hänen ajallaan juuri oikealla
Jumalan tummina pilvinä
sateensa vyöryivät vahvoina
voimakkaina taivaan kuuroina
yllättäen kulkijat
kaikelle maalle siunaukseksi

KYYHKYNEN

Kyyhkynen
kävelee hiljaisena
lintulaudan juurella
aivan rauhallisena

Kun vihervarpuset
itsevaltiaina
tyranneina istuvat
siemeniä pureskellen

Kun tikka syöksähtää
vahvalla nokallaan
ottamaan osuuttaan
tieltään muut ajaen

Kun oravat saapuvat
lintulautaa valtaamaan
rohmuten
laudan tyhjentäen

Kun talitintit odottavat
piiloissaan
oksilla vuoroaan
edes taas pyrähdellen

Kyyhkynen tulee
maata pitkin
hiljaa kävellen
pää alhaalla roikkuen

Nappaa
siemenen sieltä
toisen täältä
hitaasti edeten

Ei muita aja
ei uhittele
ei kilpaile paikasta
ei ole uhkana muille

Ei nouse korkealle
lintulaudalle
ei ole häiriöksi
toisille linnuille

Omaa tahtiaan kulkee
rauhallisena
rauhoittavana
rauhaa levittävänä

Siinä kulkee kyyhkynen
oman osansa saaden
osan suurimman
muille suoden

Kuin Pyhän Hengen
läsnäolo armollinen
rauhallinen
rakkaudellinen

Läsnäolo Hengen
virvoittavan tuulen
yliluonnollinen
lähde taivainen

Armon kyyhkynen
taivaasta laskeutuen
tuo elämän ja voiman
virvoituksen

Pyhän Hengen kyyhkynen
vie luo ristin Golgatan
luo suuren armahtajan
rauhan ihmeellisen antajan

LAITAPUOLEN KULKIJA

Toiset näkevät rähjäisen olemuksen
pesemättömät risaiset vaatteet
ajamattoman parran
muovikassin
väsymyksen
uurteiset kasvot

Sisällä ihminen
joskus poikasena juossut
pelannut palloa
onkinut rantakalliolla
mennyt ensimmäiselle luokalle kouluun
janonnut hyväksyntää ja huomiota

Janosi isän hyväksyntää
janosi äidin huomiota
janosi opettajan rohkaisua
janosi kaverien antamaa iloa
janosi jotain
mitä ei koskaan saanut

Sisällä edelleen ihminen
yhtä arvokas kuin liituraitamiehet
kuin kravattikaulaiset viisaat
Lamborghinin omistajat
seurapiirileijonat
suosion ääniharavat

Sisällä ihminen
ihmisten synnyttämä
ihmisten hylkimä
ihmisten halveksima
Jumalan kalliiksi katsoma
Vapahtajan lunastama

Toiset näkevät ulkokuoren
taivas haluaisi tuon sydämen
maailman silmissä halpa-arvoinen
taivaan mittarissa kallisarvoinen
ihmisten maailmassa alas poljettu
Jumalan maailmassa kutsuttu

Eksynyt musta lammas
kadotettu
laumaan lampaaksi tarkoitettu
sovintohinta jo maksettu
Jumalan valkeuteen kutsuttu
kuka vie hänelle Rakkauden kutsun

LAPSUUDEN VALOT

Äiti oliko silloin värejä
kun sinä olit lapsi
katselee lapsi kuvia
tummia
mustavalkoisia
vähän suttuisia

Oliko silloin värejä
miettii äiti
oliko silloin iloja
oliko vauhtia
hauskoja juttuja
naurua kepposia

Oli kyllä oli
silloin oli elämää
samaa lasten touhua
valoa kukkia
värikkäitä kankaita
aurinkoisia päiviä

Oli silloinkin leikkejä
juhlahetkiä
kesäisiä retkiä
saunottiin ja uitiin
kouluun kuljettiin
omat reputkin saatiin

Oli valoa oli värejä
vaikkei kuvissa näy
muistoissa ne pysyy
joskus arkeen peittyy
sydämessä kuitenkin
elävinä kaikki säilyy

Joskus valot värit
elämästä kaatoaa
valtaa arjen harmaus
ankeus suttuisuus
murheiden alla
vanhan kuvan lailla

Silloinkin pilvien yllä
aurinko paistaa kyllä
se usko on äidillä
asiat muuttuu
päivä kirkastuu
rukousalttarilla

LUMEN PAINO

Oksa taipuu painon alla
heiluu vain tuulessa
lintu istahtaa oksalle
toinen vierelle
se ei ole paljoa
vahvalle oksalle

Oksa taipuu lumen alla
kinosta kertyy oksalle
vahva oksa kestää
paino ei ole liikaa sille
se on kasvanut vahvaksi
kasvanut hitaasti sellaiseksi

Oksa taipuu mutta kestää
se kestää linnun painon
linnun pesän painon
se kestää lintuperheen painon
ei se valita
ei vähästä paljoa välitä

Oksa kestää tuulen voiman
se kestää oman tuuhean
oksistonsa kuorman
se kestää talven lumen
painon ja jään
suuren lumimäärän

Itse koen joskus ja useinkin
etten kestä omaani
valitan helposti taakkaani
en ole kasvanut vahvaksi
kärsivällisesti ja hitaasti
tarpeeksi lujaksi oksaksi

Liian usein olen tyytymätön
pienistä asioista hermostun
tiuskin räyhään tulistun
olemattomista
pienistä linnuista
elämäni oksilla

Pyydän kasvaa vahvemmaksi
kärsivälliseksi
lujaksi puuksi
kantaa toisten taakkaa
talven lumen aikaa
kevättä kohti jatkaa

LUMIMYRSKY

Eilen tässä oli vielä siistiä
liittymä puhdistettu
aurattu kauniiksi
lumet heitelty sivuun
mitä on tapahtunut
millainen yö on ollut

Syksyllä se oli täynnä lehtiä
risuja ja oksia
kaikkea roskaa
ohikulkeneiden heittämää
silloin siivottiin puhtaaksi
kaikesta roskasta vapaaksi

Mutta ikkunasta kun katson
yöllä on tullut lunta
tupruamalla ja paljon
auraaja on ajanut varhain
mennyt edestakaisin
täyttänyt paikan kasoilla

Nyt ei auta eilinen työ
ei muuta kuin etteivät
ole vanhat haittoina
nyt on uudet
viime yön lumet
työ ja urakka edessä

Työntelen raskasta lunta
vähän kerrallaan
heittelen penkkaan
oikealle ja vasemmalle
vuorollaan
hitaasti voimien mukaan

Entä sydämeni
onhan entiset saatu anteeksi
mistä nämä uudet
suuret tuoreet taistelut
entisistä kun on päässyt
edessä on uudet myrskyt

On niitä kauniita päiviäkin ollut
tyyniä aikoja ilon ja riemun
mutta elämään kuuluvat taistelut
myös nämä myrskyt
kaikenlaiset yöt ja päivät
tuiskut ja tyvenet

Päivän matkan kuljen kerrallaan
Hänen kanssaan
kunkin yön myrskyt vuorollaan
Häneltä uuden voiman saan
joka on tullut puhdistamaan
tien taivaaseen avaamaan

Tiedän perillä sitten kerran
ei enää likaa ei roskaa
ei jouduta auraamaan
ei lehtiä siivoamaan
näemme kirkkaan puhtaan
ihanan uuden maan

LUOTILANKA

Pienestä kaikki alkaa
tomusta tomuhiukkasesta
atomista yhdestä solusta
melkein ei mistään
mutta siitä voi kasvaa
jotain suurta

Luotilanka
Serubbaabelin kädessä
keskellä ei mitään
keskellä hävitystä
kiviraunioita ja tuhkaa
se on vasta alkua

Paljon pilkkaa ivasanoja
vastustusta häpeää
ei siitä tule mitään
kettukin sen saa sortumaan
kun hyppää
tuon muurin päälle

Rohkaise rakentajaa
sano Serubbaabelille
ei sotaväellä
eikä voimalla
vaan minun Hengelläni
sanoo Herra Sebaot

Lakeudeksi sinä vuori
kuka se on
joka pitää halpana
pienten alkujen päivää
tästä työ alkaa
tähän rakennus nousee

Pienestä se alkaa
ensin Magdalan Maria
sitten Pietari ja Johannes
Jaakob ja Andreas
Tuomas ja muut
joukko laajenee

Pian Jerusalem
Juudea Samaria
aina maan ääriin asti
Eurooppaan Afrikkaan
Aasiaan uusille mantereille
pienestä se kaikki alkaa

Pienestä aamusta
ylösnousemuksen aamusta
kalliohaudalta
vieritetyltä kiveltä
siitä pienestä aamuhetkestä
se kaikki alkoi

Jeesus on ylösnoussut
ja Hän elää
tässä on voitto
tässä riemu ja voiman lähde
tässä on sanoma
joka muuttaa kaiken

Kivi on poissa
hauta on tyhjä
työ voi alkaa
kulmakivi on asetettu
tähän nousee seurakunta
Kristuksen huone ja temppeli

LÄSNÄOLOSSASI

Hiivin hiljaa kohti
etten pelästyttäisi
kuljen varoen eteenpäin
en tahdo rikkoa
en särkeä
tahdon liittyä siihen pyhään
jonka tunnen olevan läsnä

Asetun hiljaa sydän avoinna
Pyhä Henki
Jumalan Kaikkivaltiaan Henki
Jumalan Pojan Jeesuksen Henki
voimallinen
rauhallinen
suvereeni

Elämän virta ja lähde
tässä olen
tahdon olla
tähän tahdon jäädä ja viipyä
tiedän että Sinä teet työn
Vapahtajani sanoi
että otat Hänen omastaan

Sinä jaat meille
kirkastat Kristusta niin
ettei kukaan muu sitä voi tehdä
puolustat
rukoilet sanomattomin sanoin
huokauksin
johdatat voimaan ja kirkkauteen

Vie tahtosi mukaan
johdata kaikkeen totuuteen
Kristukseen
Golgatan työn täyteen voittoon
sydämeni ja elämäni on Sinun
olen savea pöydälläsi
muovaa siitä astia itsellesi

MIEHET TYÖSSÄÄN

Isän vierellä
hyvä harjoitella
poikasten on töitä miesten
isojen aikuisten

Isän vierellä
tutkii pojat huolella
ääntä koneen käynnin
alla konepellin

Isän vierellä
on esikuva pienellä
katsoa isäänsä ihaillen
töistään oppien

MIETISKELYÄ

Mietin elämää
ihmistä ja kuolemaa
mietin Jumalaa
mitä olen kuullut
täällä nähnyt ja lukenut

Hän on Herra
Hän on ihmeiden Jumala
kaikkien lahjojen antaja
elämän ja kuoleman
suurenmoinen voittaja

Herra on kaikkea suurempi
Hän on ylhäisempi
ihmeellisempi ja voimallisempi
kaikkia muita pyhempi
armollisempi ja viisaampi

Hänen kätensä kantaa meitä
kaikkia omikseen ottaneita
Hän valvoo lastensa teitä
Hän kutsuu iloon ja valoon
kaikkia väsyneitä

Hän ei ole meidän tekomme
Hän itse tutkii meidän tiemme
Hänen luotujaan me olemme
Hänen lampaansa ja laumansa
joille Hän antaa armonsa

Hän on elämämme
Häntä me janoamme
Hän kantoi ristillä syntimme
Jeesus vapahtajamme
valtaa sydämemme

Nousee mieleeni entiset
ennen koetut herätykset
mitä saivat nähdä isät
jotka Herraa etsivät
mitä äidit uskovat

Miten Herra silloin ennen
ilmestyi omilleen
tuleen sytytti sammuneen
hukkuvan sielun pelasti
syntisen orjuudesta nosti

Nyt sytytätkö Herra jälleen
saman tulen uudelleen
katseeni nostan puoleesi
annatko vielä armosi
kirkastatko nimesi

MIKÄ JÄLKI

Mikä on tuo jälki hangella
mikä laivan jälki merellä
askelten hiekkarannalla
mikä jälki on teoilla ja sanoilla

Mikä jälki luonnossa on valolla
erämaassa sateella
mikä valon puutteella
mikä kuivuuden ajalla

Mikä lyönnin jälki iholla
mikä voima pahuudella
raakuudella murhalla
mikä jälki kovuudella

Mikä rakkauden jälki lapsessa
mikä hellyyden sydämissä
mikä vihan maailmassa
välinpitämättömyyden meissä

Mikä jälki murtuneella
armahtavalla hyvyydellä
suloisilla sanoilla
herkällä kosketuksella

Mikä jälki on armolla
Golgatan ristin puulla
mikä ristin nauloilla
omistettu sydämen uskolla

MILLAISTA ON TULLA KOTIIN

Millaista oli palata kotiin
Vapahtajani
Golgatalta
kalliohaudalta
tuonelasta alhaalta
tuskan ja taistelun keskeltä
Isäsi luo
Kuninkaan istuimelle
Isän oikealle puolelle

Millaista oli palata
lapsuuden kotiin Vapahtaja
Jordanin kasteelta
erämaasta
kiusausten keskeltä
tuttuun kaupunkiin
miltä tuntui silloin sinusta
omiesi epäuskoisten
läheistesi hylkäämästä

Millaista oli palata
taivaan kotiin Vapahtaja
voittajana juhlittuna
teurastettu karitsa
kuin Juudan leijona
toit täyden sovituksen
sait jälleen kunnian
suuren kirkkauden
keskellä taivaan joukkojen

Millaista oli palata kotiin
sinä tuhlaajapoika
syntiretkiltä
maailman iloista
puutteesta
sikakaukaloista
armoon isän luo
isäsi syliin itkien
syntejäsi katuen

Millaista on ystäväni
veljeni sisareni
kun pääsemme kerran kotiin
luo Jeesuksen
keskeltä kyynelten
murheiden itkujen
jälkeen matkan vaivojen
lepoon ja iloon pyhien
joukkoon Jumalan lasten

Palaa Isäsi kotiin ystävä
maailman tien kulkija
tuhlaajatyttö ja poika
luo armahtajan
rakastavan Vapahtajan
katuen nöyrtyen
kun saavut luokseen
kaiken kuorman ja taakan
kantaa Hän ja antaa rauhan

MINUN MÄKENI

Kravatti kaulassa t-paidassa
kiiltonahkakengät rantahiekassa
varvaskengät lumihangessa
karvalakki helteessä
suklaakuorrute liha-annoksessa
norsu posliinikaupassa
vieras suuressa maailmassa

Sellainen olo tulee joukossa
jossa en viihdy
paikassa jota vierastan
josta pois pakenen
mainosten ja median otteessa
minä jonkun muun asussa
ymmärtämättä mitä muut sanoo

Kuinka olla oma itsensä
vieraassa paikassa
oma persoonansa
kuinka elää sisäisessä levossa
jos on kuin orjuudessa
vietävänä tahdottomana
rattaana suuren koneen osana

Minä rakennan pienen taloni
omalle mäelleni
puhtaalle tontilleni
korkealle avaralle paikalleni
josta näen taivasta
näen taivaan rantaa
katselen kauas mäkiin ja metsiin

Tämä on minun mäkeni
minun elämäni
minun ihana avara paikkani
ylläni sininen taivas
minun nämä kauniit mäet
ja vihreät metsät
minun tämä sydämeni rauha

MUSTA JOULU

Liekö ollut lunta silloinkaan
kun synnyit Jeesus maailmaan
alas pieneen talliin
öiseen Beetlehemiin

Oliko musta joulu silloinkin
kun katsoit maata kirkkain silmin
ei kietoutunut maa valkoisiin
puhtaisiin lumipeitteisiin

Jätit taivaan häikäisevän kirkkauden
astuit alas paikkaan pimeyden
toit mustaan jouluun toivon uuden
väsyneille vapauden

Katsoit rakkautesi katsein
koteihin kylmiin riitaisiin
isään äitiin lapsiin pieniin itkeviin
herkkiin kyyneleisiin silmiin

Katsoit kasvoihin hätäisiin
ihmisiin harhateillään kulkeviin
kyliin köyhiin majoihin savisiin
kansoihin jumaliaan palvoviin

Kuin musta joulu maa lumeton
on ihmissydän tyhjä onneton
vaan syttyy nyt juhla sisimpään
kun päästään Jeesusta kiittämään

Väistyy musta joulu sydänten
orjuus alla synnin kahleitten
kansa kuulee sanan ilon tuojan
kutsun armon Antajan

OLEN USKOVAINEN

Olen uskovainen
ja siitä tosi iloinen

Uskon Häneen
joka teki minut kuvakseen
uskon Jeesukseen
elämään yltäkylläiseen
uskon Pyhään Henkeen
rukoukseen
johdatukseen
rakkauteen ja yhteyteen

Tahdon päästä taivaaseen
siksi luotan armoon suureen
ristin voimaan ikuiseen
ristin veren puhtauteen

Jos joudun tuleen
kiusaukseen
ahdistukseen murheeseen
löydän tieni uudelleen
alas polvilleen
jalkojensa juureen
nostan jälleen katseen
ylös kirkkauteen
armonistuimeen
Jeesukseen

Olen uskovainen
ja siitä tosi iloinen

ONKO LÄÄKE

Käärmeet kiertävät
luikertavat
synnin käärmeet

jumalattomuuden kyyt

valheiden
haureuden
ahneuden pythonit

epäuskon lohikäärmeet
iskevät pistävät tappavat

saartavat pelkoon
epätoivoon kuolemaan

kuolintaistelun
ääniä kuuluu
elämän
taistelukentältä

lääke
onko lääke
käärmeenpuremaan

onko lääke
on kohotettu puu

Golgatalla
korotettu ristin puu

on lääke
ristillä vuotanut veri
Jeesuksen Jumalan Pojan
pyhä veri

Jeesuksen veri
tehoaa käärmeisiin
syntiin
epätoivoon kuolemaan

vain katso
nosta pääsi ja katso

uskoen rukoillen
katso Jeesukseen

ONNELLISTEN MITTA

Autuaampi on antaa …
antaa millä mitalla

takaisin samalla mitalla
hammas hampaasta
lyönti lyönnistä -tyylillä

kirous kirouksesta
syytös syytöksestä
vihaa vihasta -mallilla

vajaalla
tingityllä
pihistellyllä vaa'alla

lasketulla
laskelmoidulla
monilla vähennyksillä

Autuaampi on antaa
mutta antaa
millaisella mitalla

antaa rakkauden
hyvyyden astialla
sydämen mitalla

Jumalan omalla mitalla
Kristuksen armon
armosta saadun

autuaan onnellisen
iloisen osa on antaa
runsaan sydämen mitalla

OVELLA ON JOKU

Ovikello soida kilahtaa
ei osattu tänään ketään odottaa
asukas ovisilmästä kurkistaa
ei tunne hän tulijaa
näyttää kuin kantaisi tuo kirjaa
Raamatuksi hän sen jo aavistaa
en tarvitse nyt sen sanomaa
en tuon kirjan kuivaa historiaa
en tuota vierasta kulkijaa
asukas ei oveaan avaa
vaan vetäytyy pois hiljaa

Ei ovi puinen tai rautainen
ovi sydämen
sen takana ihminen
kuulee Mestarin kolkutuksen
ei tule kanssa kovien sanojen
ei ankaran tuomion puheiden
tulee tuoden armon ihmeen
on ystävä syntisten
heikkojen jokaisen langenneen
oli synti julkinen tai salainen
on ovella auttaja ihmisten

Olen rikas en tarvitse mitään
entisillä hyvin pärjään
moni päättelee yhä tänään
Laodikean henki vaivaa sydäntään
kurja ylpeydessään
sokea kovassa hengessään
alaston ylellisyydessään
ei pääse hän käsittämään
mitä saisi tänään
kun päästäisi Mestarin sisään
pääsisi enkelten pöytään syömään

Avaa ovesi kun kolkuttaa
hän Jeesus sinua ovella odottaa
ei karta majaa matalaa
ei pelkää likaa ei etsi sinusta vikaa
hellästi katsoen hän rakastaa
syntisi anteeksi nyt antaa
asuntosi täysin puhdistaa
taivaan ylläsi kirkastaa
iloa antaa ja syvintä rauhaa
viisautta omilleen vuodattaa
mukaansa pyytää ja kotiin johdattaa

PANSSARILASI

Panssarilasi pannaan
herkälle näytölle suojaksi
ettei kännykkä särkyisi
jos putoaa tai kolahtaa
eikä naarmuuntuisi
jos jokin viiltää

Siksikö puetaan myös
kasvoille kova panssari
ettei herkkä sisin särkyisi
kun sanat sattuvat
eikä jäisi naarmuja
kun katseet viiltävät

Siksikö ollaan etäisiä
eikä löydy yhteyttä
toiset eivät pääse lähelle
kun kasvoilla on panssarit
tunteeton ilme
minä kyllä yksinkin selviän

Jeesus tuli lähelle
antautui särjettäväksi
kosketti syntisiä
paransi sapattina sairaita
seisoi kasvotusten
syyttäjiensä edessä

Hän lähetti myös omansa
ilman panssarilaseja
olemaan alttiita ja avoimia
suojana vain hänen läsnäolonsa
joka parantaa särkyneet
sulattaa sanat ja katseet

PIMEILLE KADUILLE

Katsoi kulkija kansaa säälien
työtä ja vaivaa isien
huolta ja kuormaa äitien
helmoissaan roikkuvien pienten

Tuli ratsastaen
selässä aasin nuoren
kaiussa Hoosianna sävelten
huudoissa laulavien lasten

Ankara käsky kansan vanhinten
vaientaa nuo äänet lapsien
ystävien Jeesuksen
ylistävien pienten ihmisten

Saa vastaansa tiukan katseen
jos joukko tää ois hiljainen
jos vaikenis ääni tällaisten
puhkeis huutoon kuoro kivien

Tämä kansa pimeiden katujen
kovien kokemusten
alas painettujen
näkee kulkijan laupeuden

Tämän kansan tähden
näiden isien
taakkaansa kantavien
vaivattujen äitien

Uuden nousevan polven
kirkkaiden tähtisilmien
Jeesus kuningas kirkkauden
tuli alas pimeyteen

Tuli kantoi ristin puisen
kuorman suurten syntien
puhdistaakseen
lasten pienen sydämen

Isän karun karskin mielen
uudeksi muuttaen
äidin ahdistuneen sydämen
riemulla täyttääkseen

Nyt säälii armahtaen
istuja ylhäisen istuimen
ojentaa käden arpisen
puoleen kaikkien ihmisten

Tule ristin ääreen
luo puhdistavan verilähteen
tule luokse Jeesuksen
kohtaat ihmeellisen Rakkauden

POHJOLAN POIKA

Metsän poika tahdon olla
sankar' jylhän kuusiston (A.Kivi)

metsän poika
pohjolan poika
kuusisten metsien poika
tänne pohjan perukoille syntynyt

hiihtämään lapsena
tämän maan paksuissa lumissa
tarpomaan sisulla
lipsuvin suksin suojakeleissä

uimaan sen järvissä
kivisissä vesissä
saunasta tai ilman saunaa
seurassa tai ilman seuraa

syömään perunaa
kalakukkoa
rukiista leipää
mämmiä ja piimää

pitämään kirvestä kädessä
veistämään puukolla pajupillit
puu-ukot tuohisormukset
kauhat ja kaarnaveneet

vaikenemaan suruista
tyynesti riemuitsemaan iloista
sanomaan päivää kohteliaasti
tekemään työni uskollisesti

tällainenhan on pohjan poika
suomalainen
savolainen ja jokainen
täällä asuva -lainen ja -läinen

mutta että sankar' kuusiston
se onkin paljon sanottu
ei mikään superman
ei mikään batman eikä spiderman

oman pienen maailman
sankar' vain
tämän minulle uskotun
lahjaksi osalleni annetun

sieltä se maailma alkaa
omasta sisästä
ajatuksista haaveista
velvollisuuksista

se alkaa joka aamu
heräämisestä
ja löytyy joka ilta
omasta vuoteesta

jatkuu yöunissa
vauhdikkaissa kohtauksissa
iloisissa tapahtumissa
joskus painajaisissa

se ulottuu ovesta ulos
kauppaan naapureihin
tuttuihin ja tuntemattomiin
joita täällä kohtaan

se ulottuu uutisiin
toistuviin uutislähetyksiin
pieniin paikallisiin tapauksiin
suuriin maailmanlaajuisiin

siinä olen sankar'
sankar' jylhän kuusiston
kuusten keskellä
koivujen peltoaukeiden

mäkien vaarojen
lakeuksien
purojen ja jokien
suurten järvien rantojen

siihen on rakkaus
siihen on yhteys
kiintymys
moni lapsuuden kokemus

siihen kirjaan uskon
jonka vanhojen käsissä näin
jonka itsekin lahjaksi sain
sen seuraajaksi jäin

usko pohjan kansaa kantaa
se usko täällä voiman antaa
usko Jumalaan
usko Jumalan ainoaan Poikaan

sodassa ollut turvana
rauhassa toivon antaja
apu vartija
ilon tuskan aikana

sankar' tai ilman
toivon ja pyydän
että vieläkin pohjolassa
täällä isien maassa

kuusien koivujen kansa
vaeltaisi siinä uskossa
joka on annettu sanassa
ristissä ja Kristuksessa

POIKANEN VAAN

Juurihan minä poikanen olin
tutkin maailmaa suurin silmin
katsoin elämää avoimin mielin
leikin ja iloisesti hyppelin
räsymatolle autoratani tein

Juurihan se oli kun
piilouduin kuistille itkemään
kun sanoivat että
aamulla sitten kouluun lähdetään
oisin jäänyt vaan leikkejä jatkamaan

Juurihan se oli kun
reppu selässä tein koulumatkaa
yritin päivän kerrallaan jatkaa
viittasin jos vastauksen tiesin
edistyin vain askelin pienin

Juurihan menin armeijaan
lähdin Hesaan opiskelemaan
löysin vaimon kaikista parhaan
sain oman lapsikatraan armaan
työni tein ja myös loppuun asti vein

Sama poikanen olen aina vaan
vaikka muut ei sitä huomaisikaan
ihossa rypyt ja parrassa harmaa
mutta se on varmaa
ikuisesti olen sama poikanen vaan

POJAT JA MIEHET

Poikasena katselin miehiä ylöspäin
kuin esikuvia
seisoivat kädet taskuissa
nauroivat ja olivat miehekkäitä
vähän rehvakkaitakin

Katsoivat joskus alaspäin
ja sanoivat jotain mukavaa
ehkä vitsikästä
hyvässä mielessä lempeää
kuitenkin miehistä ylpeyttä mukana

Aika on kulunut
itsekin olen kasvanut
elänyt miehuuden parhaat vuodet
enemmän jo tänne toiseen laitaan
jossa on alkaneet purkutalkoot

Nyt katson minäkin lasta
ylhäältä alaspäin
sanon jotain hauskaa
nappaan joskus syliin
on hauskaa pienen miehen kanssa

Lapsena katsoin ylöspäin
kuin esikuvaa ajatellen
että tuollaiseksi minäkin tulen
suureksi ja voimakkaaksi
vähän rehvakkaaksi mieheksi

Nyt katson lasta kuin esikuvaa
ajatukset on menneet ylösalaisin
lapsi on esikuva ja malli
tällaiseksi minun suuren on tultava
pieneksi heikoksi lapsenkaltaiseksi

Vapahtajani sellaiseksi tahdon tulla
lapsen kaltaiseksi apuasi tarvitsevaksi
itsessäni niin pieneksi ja nöyräksi
että katseeni on aina ylös sinuun
etsien sitä vilpitöntä lapsen uskoa

PUHTAAT LAKANAT JA PAKKASLUMI

Pesty
puettu puhtaisiin vaatteisiin
nukutettu raikkaisiin lakanoihin
niiden puhtaaseen tuoksuun
yön virvoittavaan uneen
rakkaudella vastaan otettu
lika ja vaiva
matkan rasitusten paino
hellästi poistettu
toivottomuus unohdettu

Puhdas uusi
vasta alas leijaillut pakkaslumi
höyhenen kevyt
lian ja saastan peittää nyt
virvoittaa mielen
tuottaa uuden toivon
kirkastaa päivän
valaisee yön
valonsa antaa ilon
toivolle uuden elämän

Kuin pesty puhtaus
ja lumen kirkkaus
on elämä Jeesuksessa
anteeksiannossa
uskossa uusi rohkea vaellus
uusi luomus
Jumalan pyhä rakennus
Hänen pyhyytensä asumus
taivastoivossa
Jeesuksen hoidossa

RISTIN SILTA

Hengen askelin
hitain mutta varmoin
ajallaan myös joutuisin
askeleeni sovitan
Kristuksen askeliin
valmiisiin
verisiin

Hänen tiensä valmiin
itselleni omistan
taivaan kodin juhliin
ristin siltaa pitkin
Hengen mieli pyhin
puhtain
kallein

Tie Hengen kirkkain
vie meidät voittoihin
meistä heikoimmankin
langenneenkin
Sanassaan annettuihin
ikuisiin
lupauksiin

RUKOILIJAN TUSKA

("Nouse, kohota valitushuuto yöllä,
kun alkavat yövartiot.
Anna sydämesi vuotaa kuin vesi
Herran kasvojen edessä.
Kohota kätesi häntä kohden
pienten lastesi elämän puolesta,
kun ne nääntyvät nälkään
kaikkien katujen kulmissa." Val.2:19)

Pää painuneena
harmaat hiukset laiha ruumis
syvään rukoukseen vaipuneena
kyynelvirrat kuin metsän purot
kastuu kasvot kädet
Raamatun lehdet
tuska nousee sydämestä
on hätä lasten elämästä

Ei suurin hätä ole mistään
ajallisesta perinnöstä
ei tavarasta
suuresta rahamäärästä
on suurin hätä todellinen tuska
elämästä ja kuolemasta
vapautumisesta
synnin orjuudesta

Onko tässä ajassa
tässä meidän maailmassa
hylätty kaikki se kallis pyhä
mikä on kätkettynä Sanassa
elämä puhtaudessa
rauha todellinen ilo Kristuksessa
perintö perillä taivaassa
siunaus siitä jo ajassa

Rukoilija huokailee
syvissä virroissa hän kipuilee
Herra on puhunut hänelle
rukoile sinä ja taistele
puhu tuskasi minulle
Kaikkivaltiaalle
rukous avaa Hengen virrat
myös tälle ajalle

SANA ELÄÄ

Jumalan Sana on ihmeellinen
kun sitä katselen
siinä taivaan ja kirkkauden
voiman Jumalan tekojen
näen armon ja rakkauden
siinä tie kaita taivaaseen
avautuu eteen silmien

Minä pieni syntinen ihminen
jokaisen vian ja virheen
tuon eteensä murtuen
koen armon aivan uuden
ansiosta Jeesuksen
se nostaa mielen kiitokseen
katseeni ristiin ja Kristukseen

Uudelleen ja uudelleen
jälkeen uusien taistojen
epäilysten ja pimeyden
luokseen palaten
saan kokea ihmeen ikuisen
kohtaan katseen rakkauden
silmissä tuon ristin miehen

SISÄLLE JUHLAAN

Kaikkialla juhlitaan
syntymää
on touhua
juhlan tuntua
on lahjoja
ruokia
on kuusia
kauniita asuja
joulun lauluja
erilaisia tapoja

Vaan missä on Sankari
tärkein
Hän suurin
päähenkilö
niin nyt missä
Hän jonka pitäisi olla
sydämissä
kansan ylistyksessä
hartaimmissa
rukouksissa

Saavu Jeesus juhlittu
tee juhla sydämiin
anna puhtaus
anna pyhyys
voima ja valkeus
anna parannus
anna herätys
Hengen uusi ilmestys
avaa syntymäsi
todellinen tarkoitus

SUHDE RISTIIN

Ihmiset ympärillä olivat erilaisessa
suhteessa ja asemassa ristiin.

Toiset katselivat kaukaa piiloista,
toiset läheltä pelkäämättä.

Toiset pilkkasivat ja nyökyttivät päätään,
toiset itkivät.

Toisille kaikki oli yhdentekevää,
toisten koko elämä oli siinä.

Yksi lähti siitä viereltä ikuiseen kadotukseen,
toinen pääsi paratiisiin.

Yksi sai arvanheitolla paidan,
yksi sai äidin ja yksi huolehtivan pojan.

Yksi oli kaiken keskellä, pilkattuna, hyljättynä,
niin yksin, vertavuotavana, kärsien.

Mikä on minun asemani ristiin nähden?
Mikä on suhteeni ristiin ja ristin Mieheen?

Tämä on asia, joka ratkaisee kaiken,
jäljellä olevan elämäni ja ikuisuuden.

SUOMALAINEN MIES

Omia uomiaan
kulkee mietteissään
mies suomalainen
tietään etsien
kuin jotain janoten

Sisin kokee kuivaa
kylmää maailmaa
tyhjää kovaa elämää
tutkii tietään itseään
kulkuaan kun jatkaa

Mistä löytyy ne
täydet joet isien
uomat elämän virtojen
mistä saisi
juoda janoinen

Tutkii oppeja
kaukaisen viisauden
idän miesten sanojen
miksi rauhaa saa en
jättää tyhjäksi ne sydämen

Kokeilee valtaa
ajan aarteiden
rahan ja rakkauden
ne antaako voi onnen
vain ajan ei ikuisen

Rehellinen
etsivä ihminen
ikuisuutta kaivaten
saa vain pettymyksen
ja tyhjän sydämen

Tuntee sisäisen
vahvan kehotuksen
ottaa kirjan käteen
kirjan Rakkauden iäisen
sitä lukee nyt kysellen

Raamattuaan lukee
tutkii janoten
polvillaan rukoillen
löytää todellisen tien
saa armon osakseen

Virta autuuden
virta ilon ja pyhyyden
täyttää kuivan sydämen
mielen janoisen
suomalaisen miehen

TAISTELUISSA KORISTELTU

Kärsimyksin koristeltu
ei otettu
ei itse valittu
kyyneliin peitetty
kyyneleet muilta salattu

Tie piikein koristeltu
piikein terävin
raastavin
hiljaisin huokauksin
sydämen tuskaisin huudoin

Koristeltu
niin oudosti sanottu
harmaa pää on kruunu
elämällä hankittu
taisteluilla värjätty

Kärsimyksin maalattu
koeteltu
kasvot itkuin pesty
salattu piiloteltu
yksin taisteltu

Piikein varustettu
siitä ruusu saatu
juhlapöytiin hankittu
lahjaksi tuotu
kristallimaljoihin aseteltu

Kärsimyksin koristeltu
tuskaisin huudoin
kalliisti maksettu
elämän kruunuksi saatu
väriloistoon puettu

Rievuiksi revitty
maton kuteiksi leikattu
loimilangoille kudottu
kauniiksi raidoiksi lyöty
juhlamatoksi saatu

Kärsimyksin kasvatettu
kun vaa'alla punnittu
silloin arvonsa nähty
myrskyisillä merillä
pohjalastiksi suotu

TAIVAS JO SYDÄMESSÄ

Taivas sydämessäni
kirjoitettu kauniin sanoin
piirretty herkin Hengen vedoin
sen ikävä
sen kaipaus
käsittämätön kauneus

Piirretty kauniit kultakadut
uljaat helmiportit
perustukset jalokivet
on Kristus
on Jumala
on käsittämätön rakkaus

Taivaan ihmeellinen ilmapiiri
enkelijoukot
vanhimmat ja pyhät
on palvontaa
on kiitosta
valtaisaa ylistystä

Valtaistuinsalin kirkkaus
Jumala sen aurinko
Jeesus valkeus
eheytyminen
parantuminen
kyyneleet pyyhitty pois

Jumalan Sanaa kun katson
Hengen ääntä kun kuulen
siihen valoon tempaudun
iloon ihastun
Rakkauteen rakastun
Jeesuksen armoon antaudun

TALONVALTAAJAT

Talo
rakennettu aikanaan hienoksi
asuttavaksi
lämpöiseksi kodiksi lapsille
perheelle
miehelle ja naiselle
levoksi ja iloksi
pienokaisille syntyville
turvapaikaksi hauraille

Talo
mitä jäljellä kauneudesta
riitaa hajotusta
ilmapiiri sysimusta
likaa turmelusta
riisuttu puhtaudesta
pyhyydestä
valtaajat kuin eri maasta
hyvyyden tallaavasta

Talo
saatava jälleen entiseksi
rakennettava asuttavaksi
alkuperäiseksi
puhtaaksi ja pyhäksi
rukouksen armon kodiksi
lämpöiseksi turvapaikaksi
tuoreen leivän huoneeksi
Sanansa kauniiksi taloksi

UKKI HAUTAUSMAALLA

Minä ukki
viiden lapsen isä
yhden pojanviiperon ukki

Kuljen suurella hautausmaalla
nautin hiljaisuudesta
yksinäisyydestä
rauhasta

Kuljen hautakivien keskellä
kuin jättiläisenä
jossain suurkaupungissa
jossain maailman megapolissa
hautakivet ovat kuin kerrostaloja
riveissä
jonoissa
asuinalueittain

Asukkaiden nimet kirjoitettuina
niihin
kaiverruksin
jopa kultaisin kirjaimin
syntymäajoin
kuolinpäivin
yksittäin
perheittäin
haudattuina vierekkäin
jossain päällekkäin

Ajattelen ihmisten elämää
kaikki joskus syntyneet
pieninä
viattomina
avuttomina
toisista riippuvaisina
eläneet elämän
pitkän
tai lyhyen

Johtaja
apupoika
kunniatohtori
vain päivän elänyt keskonen
joku rikas
toinen köyhä
toinen huomioitu juhlallisin menoin
toinen kuin salaa kuopattu yksin

Täällä on se määränpää
kun kaikki muu jää

Katson kiveä
luen siihen kaiverretut sanat
jälkeenjääneiden kirjoittamat
ainoat
jotka enää merkitsevät
Kuoli silloin ja silloin
uskossa Vapahtajaan

Näin minäkin haluan kuolla
ajattelen
ja näin tahdon elää
uskossa Vapahtajaan

USVAA EDESSÄ, SUMUA TAKANA

Taaksepäin katsoen
tarkastelen kulkemaani polkua,
eteenpäin en näe kuin askeleen päähän.

Edessäni tie on kuin usvan peitossa,
taakse jäänytkin häviää
vähitellen unohduksen sumuun.

Eilisen vielä muistan, toissapäivän myös,
mutta nekin painuvat
yksi toisensa jälkeen historiaan.

Sellainen on elämä,
kulkemani polku,
päivieni juoksu.

Tähän olen tullut monien päivien läpi,
monien kokemusten kautta,
kirkkaiden ja pimeiden,
ilojen ja surun päivien.

Ne päivät ovat minun elämäni,
ne ovat muokanneet minua,
tehneet minusta sen, mikä olen tänään.

Eteenpäin näen vain sen askeleen,
sen yhden,
jota olen astumassa.

Tulevaisuuteni on salattu,
salaisuus, jännittävä,
tai pelottava,
silmilleni näkymätön
kuin syntymätön lapsi.

Suuntaa voin yrittää ottaa,
tahdon ottaa, tarvitsen suunnan,
tarvitsen kartan, kompassin ja valonlähteen,
tarvitsen opastusta
jokaiselle tulevalle askeleelle.

"Sinun Sanasi on minun jalkaini lamppu
ja valkeus minun teilläni",
siinä Sinä olet opastajani.

Sen tähden en pelkää, en murehdi,
en ryntäile levottomasti,
minun ei tarvitse
riistoviljellä elämäni peltoa.

Elämässäni on lepo, ikuinen rauha,
varmuus siitä,
että Sinä johdatat minun askeleeni
iankaikkisen elämän tielle.

Sinä olet tie, totuus ja elämä,
ojennan käteni
ja annan sinun johdattaa.

UUDEN AAMUN RUNO

Silmäluomet turpeina
unihiekkaiset silmät viiruina
tukka pyörremyrskyn jäljiltä
ajatukset omalla radallaan
hitain askelin uuteen päivään

Aamupalalla pöydässä
hiljaisen musiikin tahdissa
myös pieni palanen Sanaa
huokaus sydämessä rukous
Herrani Sanasi avaa

Ei tämä aamun kankeus
aamuhetken nuhjuisuus
ei tässä vielä kaikki
tästä vasta lähdetään
tähdätään uuteen päivään

Elämän väsynyt vaellus
arjen pienten hetkien heikkous
ei tässä vielä kaikki
tähdätään parempaan
kaduille uuden taivaanmaan

Uuden aamuni rukous
kiitos Vapahtajani
voimastasi uudesta armostasi
ylistän nimeäsi
astun uuteen päivään kanssasi

VALMISTETAAN PIDOT

Otetaan iso kattila
laitetaan siihen oma elämä
oma sisin sydän menneisyys
tämä hetki ja tulevaisuus
toiveet odotukset ja unelmat
kaadetaan kaikki kattilaan
sekoitetaan ja kuumennetaan

Lisätään joukkoon runsaasti
siunausten ja rukousten
lihalientä puhdasta mieltä
rakkautta sääliä kyyneliä
ystävyyttä
hyvyyttä pitkämielisyyttä
sävyisyyttä ja lämpöä

Maistellaan ja lisätään makua
sanaa totuuden suolaa
pikkuhiljaa ei liian äkkiä
ei suuria paakkuja
kaadetaan sekaan suurusta
sanan elämää sisältöä taivasta
voimaa Jumalan armosta

Kutsutaan vieraita
kaduilta aitovieriltä ja kujilta
tutuista tuntemattomista
naapureista
kaukaisista maista
kuninkaista ja johtajista
linnoista ja vankiloista

Katetaan pöytä vieraille
ohjataan rauhan ja ilon teille
pelastuksen lähteille
niityille ja puroille
Golgatalle ristin juurelle
tarjoillaan samoille lautasille
rikkaille ja köyhille

VALOSARJA

Sotkuinen vyyhti
kassi täynnä mustaa johtoa
johdossa pieniä tuikkuja
mutkalla
solmuissa
aivan toivotonko

Otan toivottoman
sotkuisen vyyhdin
alan varovasti
oikoa
etsiä selvyyttä
mahdotontako

Tiukkoja solmuja kun auon
löydän johdon pään
hitaasti
vedän lävitse
varovasti
selviänkö sittenkin

Alkaa kuin alkaakin aueta
sentti sentiltä
solmu solmulta
vyyhti vapautuu
sotkut kaikki suoristuu
jälleen käyttökelpoiseksi

Elämän sotkut
vaikeimmatkin solmut
kärsivällisesti vaan
rukouksin ne kaikki avataan
saadaan elämä ehjäksi
jälleen käyttökelpoisiksi

VANHUS VUORELLA

Vanhus seisoo vuorella
omalla rukouspaikallaan
viipyy kauan
vuorella taistellaan
näkee kovan kansan
näkee menonsa kauhean
kaiken väärän
synnin määrän
tuska painaa sydäntään

Kokee Hengen tuulen
Jumalan voiman pyhyyden
vihansa tuimuuden
päivän helteen kuumuuden
kuulee sanan korkealta
ylhäiseltä istuimelta
sanan Herransa sydämeltä
vanhus painuu polvilleen
siinä saa sanan sydämelleen

Nöyrry oma kansani
rakkaani palaa luokseni
ota vastaan sanani
kun tulet jälleen eteeni
saat apuni ja armoni
koet voimaani
saat nähdä ihmeitäni
olet jälleen pyhä kansa
minun silmäteräni

Vuorelta laskeutuu alas
vanhus muuttunut mies
katseessaan on tulta
sanoissaan hehkuu rakkautta
kasvot loistaen uutta
Jumalan pyhää kirkkautta
julistaa saadun sanan
herättää kuolemasta kansan
oman heikkoutensa kautta

VAPAA KUIN LINTU

Oisipa lintu ja siivet ois
suuntaisi kulkunsa etelää kohti
ja lentäisi talveksi pois

Oisipa lintu ja korkeelle nousis
liitäisi ylhäällä pilvien päällä
ja ylemmä katseensa lois

Oisipa lintu ja huolensa heittäis
murheitta aina vapaana lentäis
mihin ikinä tuulet sun veis

Oisipa lintu ja latvoissa istuis
korkeille huipuille liitäen nousis
vuorille pesänsä laittais

Nyt alhaalla täällä sun kulkee ties
olet siivetön matkaaja alhojen mies
teet työtäsi otsasi hies

Mut vapaa olet ja vapaa on sydämes
kun armon sait omistaa itselles
kun armahtajasi on Jeesus

Kun sydän aina puhdas olla vois
Jeesuksen tullessa luokseen nousis
jäis itku ja kyyneleet pois

VAPAA KULKIJA

Damaskon tietä
kuljin minäkin
raskain askelin
sidottuna orjaksi valheen isännän

Kahleet käsissä
kahleet jaloissa
kahleet sydämessä
sidottuna orjaksi valheen isännän

Iloton
onneton
täysin toivoton
sidottuna orjaksi valheen isännän

Vihasin
tietään vastustin
muitakin pahaan ohjasin
sidottuna orjaksi valheen isännän

Ilmestyi
Hän Kirkkaus
minulle kurjalle joka olin
sidottuna orjaksi valheen isännän

Niin vapauduin
uuden toivon näin
en enää vaatteissa vangin
sidottuna orjaksi valheen isännän

Vaan vapaa oon
tähän armoon ansioton
nyt iloitsen ja riemuitsen
vapaana orjuudesta valheen isännän

(Terveisin, Paavali, entinen
Saulus Tarsolainen)

VIISAS JA TYHMÄ

Viisas tutkii tiensä
valvoo askeleensa
suuntaa hyvään mielensä
pois pahasta katseensa

Tyhmä ei hillitse kieltään
ei tutki itseään
ei suuntaa oikein kulkuaan
tiensä vie alas tuonelaan

Sana tekee tyhmästä viisaan
ohjaa askeleet oikeaan
neuvoo valvomaan
luottamaan Sanaan ja Jumalaan

Sana tyhmyyden muurit murtaa
katuvat kaikki armahtaa
nöyrtyvän kulkijan pelastaa
vanhan uudeksi uudistaa

YLHÄÄLTÄ TULEVAA

Tämä maa tarvitsee nyt
jotain suurempaa
tuoretta jotain sellaista
joka lähtee
Jeesuksen luota
koskettaa ja virtaa
Golgatan kautta
turtuneisiin sydämiin

Tämä maa tarvitsee
Jeesusta Vapahtajaa
voideltua
Hengessä julistettua
ilosanomaa
murrettua
veren kirkastamaa
Jumalan Sanaa

ÄIDIN KYYNELEET

Äiti painaa oven kiinni
on lähettänyt perheen matkaan
miehen työhön
lapset kouluun
syöttänyt
huoltanut vaatteet
kirjat reppuihin
ovi on sulkeutunut

Äiti menee polvilleen
kaikkea työtä olisi
tehtävää ja kiirettä
mutta äidin sydämessä on huoli
palaa rukouksen tuli ja tuska
äiti huokaa
alkaa itkeä kyyneleitä
Pyhän Hengen kyyneleitä

Äiti siunaa lapsensa itkien
siunaa aviomiestään
pyytää varjelusta
pyytää suojaavia enkeleitä
pyytää herätystä
oi Jumala varjele lapseni
anna veresi suoja
pahuus ja pimeys väistykööt

Äiti rukoilee ja taistelee
ei näe mitä muualla tapahtuu
kun enkelijoukko asettuu
lasten ja miehen ympärille
Jumalan voimalla
pahuuden voimat sidotaan
äidin rukoukset kuullaan
kyyneleet lasketaan

Miehen työssä on siunaus
tulee töistä kotiin iloisena
lasten päivässä on varjelus
palaavat intoa täynnä
kertoen päivän uutisia
illan yllä on rauha
äiti peittelee lapset unilleen
kätkee Jeesuksen vereen

Äidin tehtävä
äidin kutsumus
on Herralta saatu esirukous
se kantaa hedelmää
lapsetkin nousevat aikanaan
kantamaan vastuutaan
sukupolvi vaihtuu tuli palaa
Jumala jatkaa työtään

ÄITI JA KEVÄT

Äiti ja kevät
kevät ja äiti
jotain samanlaista
herkkää ja kaunista
elämää kantavaa
lämpöä antavaa

Äiti ja kevät
kevät ja äiti
sopivat yhteen
juhlaan yhteiseen
auringon paisteeseen
luonnon kiitokseen

Äiti ja kevät
kevät ja äiti
kiitämme teistä
elämästä yhteisestä
lapsuuden hetkistä
Jumalan hyvyydestä

Äiti ja kevät
kevät ja äiti
olette aarteita
Herralta saatuja
taivaan parhaita lahjoja
kiitoksemme aiheita

Äiti ja kevät
kevät ja äiti
sydän täynnä kaipausta
iloitsee kevään juhlasta
toivottaa äidille siunausta
lähettää monta halausta